Cómo

las personas

Entendiendo la Mente Humana, Psicología, Comportamiento y Lenguaje Corporal

Por Edwin Lee

Al leer este documento, el lector acepta que bajo ninguna circunstancia el autor es responsable de las pérdidas, directas o indirectas, en que se incurra como resultado del uso de la información contenida en este documento, incluidos, entre otros, los errores, omisiones, o inexactitudes.

Tabla de Contenido

Introducción

Primero, Quiero agradecerte por comprar este libro. Es cierto que, de manera consciente o inconsciente, intentamos leer la mente de otra persona para saber lo que están pensando. Este proceso de análisis de personas no se nos enseña, sino que viene de forma natural. Desde la antigüedad, los humanos han estado tratando de entender a sus semejantes al enfocarse tanto en señales verbales como no verbales. Pero no es una tarea fácil analizar a una persona con precisión. Para hacerlo, se necesita ser lógico y práctico en sus conceptos y enfoque.

Si deseas comprender a una persona, ya sea tu cónyuge, colega, rival, jefe o amigo, primero deberás ser justo en tu proceso de pensamiento. No puedes ser parcial o permitir que las emociones se muevan en tus pensamientos. Por ejemplo, si no te gusta tu jefe, tu mente consciente y subconsciente nunca intentará apreciarlo o aceptarlo (aunque podría tener razón en algo). Es necesario derribar algunos muros y dejar de lado el pensamiento limitado. La intelectualidad es lo más importante. Las personas que están aprendiendo a leer a otros aprenden primero a leer lo que no se ve en sí mismas. Este es uno de los aspectos más fundamentales a la hora de analizar otros.

"Conocerte es el principio de la sabiduría" -- Sócrates

Prepárate para usar sus sentidos super *arácnidos* y mirar a través de la persona; leyendo todas las señales no verbales. Busca los detalles más pequeños. Presta atención al lenguaje corporal. Obviamente, no podrás hacerlo todo de la noche a la mañana. Esto requiere mucho trabajo. No te preocupes, sin embargo, la lectura de este libro te garantiza una gran ventaja. Por lo tanto, es mejor experimentar primero en ti mismo. Aprende más sobre ti mismo, analiza tus imperfecciones y comprende tus fortalezas. Es esencial liberarse del cautiverio de sus propios pensamientos negativos y suposiciones irreales. Mírese a sí mismo. Una vez que veas el éxito, puedes intentar implementarlo en sus allegados (amigos, familiares, etc.).

"Debes conocerte a ti mismo y a tu enemigo" – Sun Tzu

El cerebro humano es un órgano poderoso e interesante. Los científicos y lectores de la mente todavía están estudiando este órgano para tratar de entender por qué y cómo hace ciertas cosas. La parte consciente y subconsciente de la mente humana desempeña un papel importante en nuestro comportamiento y personalidad.

Desafortunadamente, la mayoría de nosotros tenemos poca o ninguna comprensión de cómo funcionan.

Es difícil entender completamente la mente humana ya que es muy delicada y compleja. Esta es la razón por la cual diferentes pensadores lo han definido de diferentes maneras. El modelo de Freud de la mente humana es la base de todas las teorías. En 1900, Sigmund Freud definió originalmente la estructura de la mente humana y su personalidad. Casi todos los psicólogos, psiquiatras, lectores de la mente y mentalistas siguen el modelo topográfico que definió.

Este libro te brindará información sobre cómo analizar a las personas y entender su comportamiento y psicología. Comprender el complejo conjunto de características y emociones en una persona es una tarea desafiante. Sin embargo, dominar este arte oculto te da grandes beneficios. Aprender a analizar a los demás es más importante que nunca. Viviendo en el mundo digital, hemos llegado a olvidar la interacción fundamental, sus variables ocultas y, lo más importante, a nosotros mismos. Si tienes la capacidad de leer a otros como un libro abierto, tendrás una gran ventaja en todos los aspectos de la vida. Como dicen los expertos, no te limites o restringas a protocolos específicos y teorías.

Los capítulos de este libro te ayudarán a comprender mejor la mente humana, la psicología y el comportamiento.

Gracias una vez más por comprar este libro. ¡Espero que te sirva como información y lectura interesante!

¡Feliz lectura!

"Un lector vive mil vidas antes de morir, dijo Jojen. El hombre que no lee vive solo una".

-– George R.R. Martin

Capítulo Uno: Fundamentos para Analizar o Leer Personas

¿No es el análisis o la lectura de personas un fuerte de psiquiatras? ¿Por qué habría de hacer eso? Bueno, incluso sin un título, una persona promedio trata de analizar a todos los demás seres con los que se encuentra. En el momento en que un humano se topa con otro ser humano, comienza a analizar el lenguaje corporal, el contorno de los ojos, la postura del cuerpo y el tono de la voz. Él o ella trata de encontrar a la persona real detrás de la máscara que usualmente usa. Esto se puede hacer solo cuando se es capaz de interpretar señales tanto verbales como no verbales.

No siempre es posible seguir la lógica, no le contará la historia completa de una persona. Es importante analizar toda la otra información crítica que las personas le brindan en forma de señales no verbales. Si desea hacer esto, lo primero que debe tener en cuenta es deshacerse de todas las nociones y suposiciones preconcebidas que tenga. Deja todo tu equipaje emocional atrás. Deja ir los choques del ego, la ira y los viejos resentimientos. Estos factores emocionales te impiden ver a una persona claramente. El aspecto principal es mantenerse objetivo y recibir información sin alterarla o distorsionarla. Ser neutral.

Historia del análisis y la manipulación

A lo largo de la historia ha sido una de las habilidades más importantes para aprender y dominar. El poder analizar a las personas ha permitido un éxito rápido a través de todas las diferentes épocas. Desde que se construyeron las primeras civilizaciones, la gente tuvo la necesidad de analizarse mutuamente. El antiguo Egipto, Babilonia, Grecia, Roma, la Edad Media, el Renacimiento, etc. siempre hemos tenido curiosidad por saber qué hacen los demás. Especialmente aquellos que buscan éxito (relativo), ha sido obligatorio para interactuar y entender la competencia. Aunque no practicamos la manipulación directamente en este libro, siempre ha jugado un papel importante en nuestras vidas, y el hecho de poder analizar a otros juega un papel importante en toda la psicología humana. Durante la época de Grecia, los filósofos como Sócrates, Platón, Aristóteles y muchos otros formaron muchas de las ideas básicas de la psicología humana que conocemos hoy. Además, aquellos en el poder estaban obligados a analizar cuidadosamente a todos los que conocían. Imagínate que eras el rey de la corte. Nunca podrías descansar. Siempre existía la necesidad de estar al tanto de todos los tipos de asesinatos, manipulaciones y despojos. Las cortes y los palacios fueron uno de los principales ejemplos en la historia de los "juegos mentales".

El Arte de analizar personas

El arte es una forma de creatividad. Analizar o leer personas es un arte. Muchas veces hemos perdido el toque natural de las señales no verbales ocultas debido a la creciente interacción en línea. Sin embargo, piense creativamente y modifique estas técnicas, ie incluso podría analizar a las personas en línea! De hecho, podría haber una manera adicional de comenzar. Busque el lenguaje corporal de diferentes personas cuando esté viendo un video, etc. Es necesario tener una mente amplia y pensar libremente. Existen tres técnicas básicas para leer personas:

- Examinar el lenguaje corporal
- Prestar atención a tu intuición
- Sentir la energía emocional y las expresiones no verbales

Examinar las señales del lenguaje corporal

Según la investigación, nuestra comunicación es una combinación de palabras, tono de voz y lenguaje corporal. Solo el **siete por ciento** de la comunicación está representado por palabras, y el 93 por ciento restante se divide en el tono de voz (38 por ciento) y el lenguaje corporal (55 por ciento). No te esfuerces demasiado en concentrarte en el lenguaje corporal, necesitas relajarte y dejarlo pasar. Si se hace excesivamente analítico o intenso, se perderán los signos simples e importantes del lenguaje corporal. Relájate. ¡Siéntate, ponte cómodo y solo observa!

Apariencia

Mientras intenta analizar a las personas, preste atención a su aspecto, a su presentación y estilo de vestir. Si te encuentras con una persona que usa zapatos pulidos y un poderoso traje, él o ella está vestida para el éxito. ¡Quizás sean ambiciosos! De nuevo, esto depende del escenario. Si él o ella va a cumplir con los ejecutivos o la alta gerencia, se requiere este atuendo. Pero si los ve vestidos así en los días normales o cuando los conoce por primera vez, entonces sí, hay señales que deben entenderse.

Si la persona está en una camiseta y pantalones vaqueros, esto indica comodidad y un comportamiento informal. Del mismo modo, si una mujer lleva una parte superior ajustada que acentúa su pecho, se considera una opción seductora. Alguien con un colgante de Buda o con un símbolo religioso puede indicar que le da importancia a los valores religiosos o espirituales.

Comprobar la postura del cuerpo

Mientras lee la postura del cuerpo, intente cuestionar sus observaciones antes de llegar a una conclusión. ¿Están confiados solo porque mantienen la cabeza alta? ¿Se considerará como una señal de baja autoestima el encogerse mientras camina? Pecho en alto con un toque de arrogancia, ¿quizás ego? Lee el entorno y luego decide. Por ejemplo, en algunas ocasiones, incluso puede estimar directamente cuánto tiempo pasa una persona en sedentarismo, según su postura agachada.

Observar los movimientos físicos

Verifique cómo se inclina la persona cuando está involucrada en una conversación. La proximidad importa mucho. ¿Qué tan cerca o lejos están mientras interactúan? Cuando te gusta alguien, tiendes a inclinarte hacia ellos. Pero cuando no lo haces, te alejas de ellos.

Las piernas o brazos cruzados sugieren una postura defensiva o de bloqueo. También puede significar enojo o que una persona es reservada por naturaleza. Mientras cruzan las piernas, las personas generalmente apuntan con los dedos hacia la persona con la que se sienten cómodos.

Mantener las manos en los bolsillos, en el regazo o detrás de la espalda puede indicar que están nerviosos o incómodos. También puede significar que están ocultando algo.

Las personas tienden a recoger sus cutículas o a morderse los labios cuando se encuentran en una situación incómoda. Algunos hacen esto para calmarse cuando se sienten asustados o bajo presión.

Leer la expresión facial

Puedes tratar de controlar tus emociones, pero tu rostro las reflejará claramente. ¿Piensas demasiado o te preocupas por algo? Las líneas del ceño fruncido en su frente son signos. ¿Quieres saber si una persona está realmente sonriendo? Vea si puede ver las patas de gallo o las arrugas cerca de sus ojos. La ira, el odio, la amargura o el disgusto son evidentes en la cara de una persona en forma de labios fruncidos. ¿Ves a alguien rechinar los dientes o con la mandíbula apretada? Quizás él o ella está tratando de controlar su ira.

Presta atención a tu intuición

A veces, no se puede juzgar a una persona simplemente escuchando sus palabras u observando su lenguaje corporal. Tu yo interno podría estar tratando de decirte algo más. El presentimiento que tienes de ciertas personas o de escenarios particulares se llama intuición. No es lo que dice tu cabeza sino lo que sientes (las vibraciones). Esta es la información no verbal que identificas a través de los 'mms' y 'ajas' de la persona. Se trata de las imágenes, el entorno y los escenarios. El presentimiento nunca miente. Para comprender a alguien, necesitas saber quién es realmente (sin la máscara). La intuición te ayuda a leer entre líneas y ver la historia real.

<u>¿Cómo sé que mi intuición me está diciendo algo?</u>

- Respeta tu intuición. Cuando conozcas personas por primera vez, observa lo que te dice tu instinto. La intuición es el sentimiento o reacción primitiva que se produce incluso antes de tener oportunidad de pensar. La incómoda sensación que tienes cuando te encuentras con alguien es tu instinto, la respuesta primordial. Esto te dirá que algo no está bien. Decide si realmente puedes confiar en una persona escuchando tu instinto: es tu medidor de verdad interno.

16

- ¿Tienes la piel de gallina cuando estás con una persona? ¿Te da un sentimiento positivo por dentro? Bueno, el signo es optimista. La piel de gallina es una sensación de cosquilleo intuitiva que surge cuando resuenas con las personas. ¿Por qué? Porque estas personas te inspiran de alguna manera. Podrías ser capaz de tocar un acorde con ellos. Se pone la piel de gallina cuando experimentas la sensación de déjà vu. Es una sensación extraña que te hace sentir que conoces a la persona, aunque es posible que no te la hayas encontrado antes.

- ¿Recibes destellos de ideas en el momento en que ves a alguien o cuando interactúas con alguien? ¿Como una bombilla dentro de tu cabeza con la expresión "ajá"? Que aparece por un instante. Necesitas estar realmente atento o te lo perderás. Si tienes estas sensaciones, nunca permitas que la persona entre en su vida.

- ¿Sientes una forma intensa de empatía cuando conoces a una persona? ¿Quizás por la apariencia física o la emoción mostrada por la persona? A veces, tiendes a enojarte o deprimirte después de una reunión. Esto puede deberse a que simpatizas con la persona y comprendes sus circunstancias.

Siente la energía emocional

La expresión dramática de nuestra energía puede ser denominada como emociones. Es la vibración que emites. La intuición o la guía interna de si, que te ayuda a comprender o registrar estas emociones. Por ejemplo, puedes sentirte bien y positivo cuando estás cerca de ciertas personas. Tienen el poder de mejorar tu estado de ánimo en un instante. Su mera presencia puede darte energía. Pero hay pocos que pueden drenarte emocionalmente. Cada vez que ves a esas personas, todo lo que sientes es la necesidad de desaparecer.

Podrás sentir estas energías sutiles como palpitaciones en el cuerpo, como vibraciones invisibles. Los chinos llaman a esto el chi del cuerpo, la energía vital, necesaria para la buena salud.

¿Es posible leer estas energías emocionales? ¿Tenemos estrategias para ayudarnos a hacer eso? ¡Sí! Veamos ahora:

Sintiendo la presencia emocional de las personas

Generalmente emitimos una energía general, esta energía no tiene por qué reflejarse en nuestro comportamiento o palabras. Pero hay un aire emocional que nos rodea, como el sol o la lluvia o la nube. ¡Está a nuestro alrededor! Observa si la persona que estás analizando tiene un carisma amigable, ¿cuál te atrae? ¿O tienes malas vibras que te hacen alejarte de la persona?

Observa los ojos

El contacto visual es crítico cuando se trata de analizar personas. Incluso cuando las palabras o las expresiones faciales fallan, los ojos pueden terminar dándote mucha información. Nuestros ojos envían poderosas energías. Los estudios han demostrado que los ojos proyectan una señal electromagnética, que el cerebro generalmente se extiende más allá del cuerpo. Pasa tiempo observando los ojos. ¿Qué es lo que ves en ellos? ¿Cuál es la emoción que muestran? ¿Enfado? ¿Alegría? ¿Tranquilidad? ¿Mezquindad? ¿Seductividad? ¿Dolor? También puedes sentir si sus ojos están fijos en alguien. ¿Se sienten cómodos cuando piensan en alguien? ¿Signo de intimidad? ¿O están escondiendo algo? ¿Guardando un secreto?

Percibe la sensación de contacto físico

Los sentimientos psicológicos se transmiten a través de gestos fisiológicos. La energía emocional que sentimos puede ser compartida con otros a través del contacto físico. Cuando estás muy contento, sientes la necesidad de abrazar a alguien que te gusta. Del mismo modo, trata de observar el contacto físico de otras personas. ¿El apretón de manos con tu jefe fue cómodo o demasiado dominante? ¿El abrazo de tu colega se sintió cálido, seguro y genuino? ¿O te desanimó tanto que quisiste retirarte de inmediato?

Cuando le das la mano a la gente, a menudo te darás cuenta de que para algunos es sudoroso o demasiado rígido o flexible. Las manos sudorosas pueden indicar tensión o ansiedad. Las manos rígidas indican confianza o profesionalidad. Las manos flojas pueden sugerir timidez o falta de compromiso.

El tono de voz y la risa importan

Tu tono de voz y el volumen de tu voz hablan acerca de las emociones que estás experimentando. El tono de voz puede ayudarte a sentir la vibración que transmite una persona. Las frecuencias del sonido crean vibraciones, ¡por lo que el tono de voz definitivamente importa! Algunas personas tienen un tono de voz que le da una sensación de calma. Te sentirás feliz escuchándolos. Querrás escuchar más de su voz. Otros pueden tener un tono áspero, desagradable o agudo.

En el transcurso de los próximos capítulos, entraremos en detalles sobre el papel del cerebro humano, su comportamiento y la psicología detrás de él. Esto nos ayudará a aprender cómo analizar realmente a las personas.

Capítulo Dos: Entendiendo la Mente Humana

La intención de la teoría psicoanalítica es comprender la mente humana. Sigmund Freud fue la primera persona en introducir una teoría sobre la mente humana a principios del siglo XX. Aunque ha habido muchos avances en el estudio de la teoría psicoanalítica, los pensamientos compartidos por Freud sobre la teoría de la mente humana aún se consideran la base principal.

Freud dividió la mente humana en tres niveles y había citado el uso estimado de la mente en cada nivel como

- Consciente (10 %)
- Subconsciente (50 a 60%)
- Inconsciente (30 a 40%)

Todos estos tres niveles trabajan juntos para crear nuestra realidad. ¿Sabías que la palabra 'mente' tiene una historia rica y larga? Esta palabra en particular no tiene una evolución clara en comparación con las otras frases y palabras en el idioma español. El significado de la palabra "mente" depende más del contexto de su uso que como una palabra individual.

Por ejemplo, la palabra mente puede indicar la identidad, personalidad y recuerdos de una persona cuando un filósofo la usa. Cuando la palabra se usa en el contexto religioso, puede significar que la mente es un espíritu (conciencia de Dios). Para un científico, la mente es un gen del pensamiento o un lugar donde obtiene sus ideas. La mente ha llevado muchas etiquetas diferentes, y las referencias antiguas parecen abstractas en este caso.

Después de la 15 ª siglos 14 y, la mente término se generalizó para incluir todas las capacidades mentales relacionados - sentimiento, memoria, pensamiento, decisión, etc. Psicología se considera una forma respetada de la ciencia a finales del siglo 19 y principios del siglo 20. Debido al trabajo de Freud y muchos otros, se prestó más atención a la mente humana, el papel que desempeña en la ciencia del comportamiento y la coordinación mente-cuerpo. Ellos habían establecido una base sólida que llevó a discusiones sobre el concepto de mente desde un punto de vista científico.

El modelo de Freud de la mente humana

Sigmund Freud había segregado la mente humana en tres niveles:

- Mente Consciente
- Mente Subconsciente
- Mente Inconsciente

Mente Consciente

Cuando eres consciente de lo que te está sucediendo y a tu alrededor, significa que estás en un estado consciente. La mente consciente se referiría a la parte de la mente que puede recordar las actividades y eventos anteriores. Los dos retos importantes a este punto de vista es que

- Sólo el diez por ciento de la mente tiene pensamientos conscientes y trabaja en ellos.
- No puede explicar los eventos aleatorios que se crean dentro de la mente.

Las dos tareas principales que la mente consciente tiene la capacidad de manejar son:

- Habilidad para enforcarse o concentrarse
- Habilidad para imaginar cosas que no son reales

La mente consciente, una parte importante que trabaja en armonía con la mente humana, es básicamente un escáner para nosotros. Ayuda al realizar lo siguiente:

- Reconoce un evento
- Activa la respuesta en caso de necesitar reaccionar
- Almacena el evento (dependiendo de la importancia del evento)
- El almacenamiento puede ocurrir en el área subconsciente o inconsciente de la mente

humana (ya que entonces está disponible permanentemente allí)

Mente Subconsciente

El punto de almacenamiento para que pueda recordar rápidamente cualquier recuerdo o evento reciente está en la mente subconsciente. Por ejemplo, si necesitas recordar el nombre de la persona que conociste hace una semana o el número de teléfono móvil que acabas de escuchar, su subconsciente le ayuda a obtener la información. Este nivel de la mente contiene toda la información actual que usa a diario: sus hábitos, sentimientos, patrones de comportamiento y pensamientos frecuentes. La mente subconsciente de Freud actúa como la memoria RAM de la mente (memoria de acceso aleatorio). Este es un caballo de batalla confiable de la experiencia mente-cuerpo.

Mente Inconsciente

Todos nuestros recuerdos y experiencias pasadas viven en la mente inconsciente. Estos recuerdos podrían haberse olvidado conscientemente: pensamientos que ya no son importantes, pensamientos genéricos automáticos e incidentes suprimidos por trauma o dolor. Estas experiencias y recuerdos son la razón de la formación de nuestros hábitos, creencias y comportamientos.

La mente inconsciente es efectivamente el:

- Almacén de recuerdos pasados
- Fuente de pensamientos y sueños aleatorios
- Punto central de la comprensión y el conocimiento implícitos

Estos viejos recuerdos aún podrían ser accesibles a la mente consciente en algún momento de nuestra vida. De manera similar, estos pensamientos aleatorios pueden aparecer sin ninguna razón particular o causa anterior. El conocimiento implícito almacenado en la mente inconsciente nos ayuda a hacer cosas que hemos aprendido tan bien que no necesitamos pensarlas nuevamente mientras las hacemos.

Ahora puede considerar la mente inconsciente como el sótano, el depósito subterráneo de información. Todos tus recuerdos, comportamientos y hábitos están ahí. Es el almacén que contiene todas las emociones que has experimentado desde el nacimiento.

La psicología moderna se ha abierto a muchas nuevas teorías e ideas basadas en la teoría freudiana. Vale la pena estudiar la teoría psicoanalítica de Freud para comprender una perspectiva cronológica crítica del tratamiento de la salud mental.

Mente humana

Ha habido un nuevo debate en los últimos tiempos en el que investigadores y pensadores han sugerido que hay un equilibrio entre la mente consciente e inconsciente. ¿Qué quieren decir? Es una forma de decir que la mente consciente es la parte por la cual somos conscientes de lo que está sucediendo en el momento presente, y la mente inconsciente es la parte donde se almacenan las otras cosas (que no aparecen en este momento). No olvidemos que solo tenemos una mente, son solo capas dentro de ella.

Un ejemplo podría ayudarte a entender mejor esto. Digamos que usted está conduciendo a casa utilizando la ruta habitual. Te das cuenta de que durante los últimos minutos tu mente no ha estado en el camino. Al entrar en el vecindario, se pregunta cómo se las arregló para acercarse a su casa sin concentrarse adecuadamente en tomar las vueltas correctas, vigilar las señales de tráfico, vigilar otros vehículos, etc. El punto es que habías estado soñando despierto y aun así llegas a tu destino. Por lo tanto, se puede entender que todavía hay una serie de cosas que puedes hacer incluso cuando no estás prestando la atención adecuada a ellas todo el tiempo. Tu mente puede recoger los recuerdos necesarios y guiarte hacia el camino correcto. La mente no enfrenta ninguna dificultad para desplazarse entre sus distintos niveles para crear conciencia.

La inferencia de este ejemplo puede ser que la mente subconsciente procesa toda la información necesaria con alerta consciente. Por lo tanto, es la mente subconsciente, que ha tomado el control aquí. Por ejemplo, cuando estamos mirando a un pájaro volando, la mente consciente (el resultado del procesamiento cognitivo) nos dice que el pájaro no va a caer y está a salvo en el aire. Pero la mente subconsciente subyacente (incluida la mente inconsciente) procesa información como el movimiento, la distancia, el color, la forma, la identidad del ave, etc. Aunque lo vemos como un evento completo: un ave blanca que vuela alto (a una distancia considerablemente larga), nuestra mente consciente está más enfocada en el movimiento (volar).

Hubo algunos psicólogos del Occidente moderno que comenzaron a hablar sobre las partes universales y super conscientes de la mente. Los filósofos, pensadores e investigadores de la India ya aceptaron esta idea hace años. Pero dado que la teoría de Freud no apoyaba el inconsciente colectivo (que fue mencionado por Jung), la parte transpersonal de la mente había sido ignorada durante años. Pero Jung ya tenía la firme opinión de que es la mente inconsciente del ser humano, lo que le brinda toda la ayuda y el estímulo cuando lo necesita.

"Tiene posibilidades que están ocultas a la mente consciente, ya que tiene a su disposición todos los contenidos psíquicos subliminales, todas aquellas cosas que han sido olvidadas o pasadas por alto, así como la sabiduría y la experiencia de siglos sin contar que se establecen en sus órganos arquetípicos... El inconsciente puede servir al hombre como una guía única, siempre que pueda resistir la tentación de estar equivocado".

La mente súper consciente puede ser referida como la mente del alma. Entonces, ¿qué podemos concluir entonces? Es importante que no se confunda con los términos consciente, subconsciente e inconsciente. No son más que niveles de la mente, que se utilizan para describir ciertas funcionalidades.

- La mente Consciente te da pensamientos de los que eres consciente.
- La mente Subconsciente tiene todos los viejos hábitos, emociones, recuerdos, etc. que se pueden recordar cuando sea necesario. La mente subconsciente es la clave para el cambio personal.
- La mente Inconsciente almacena los pensamientos y experiencias universales, los recuerdos olvidados, los instintos perdidos, etc.

Cada uno de estos es accesible para nosotros de manera que ya ellas se comunican entre sí. Por lo tanto, es necesario intentar y desarrollar una mente que pueda observar y juzgar utilizando toda la información almacenada en el consciente, subconsciente e inconsciente.

Capítulo Tres: Dimensiones de la Mente Humana

La mente humana opera bajo seis dimensiones fundamentales, y la intensidad de estas dimensiones ayuda a derivar el comportamiento o las características humanas. Comprender estas dimensiones es esencial si desea poder analizar otras. Las siguientes seis dimensiones son aplicables a todas las mentes humanas:

- Aburrimiento
- Temor
- Odio
- Alegría
- Amor
- Sexualidad

Es imposible borrar completamente estas dimensiones de la mente. ¿Alguna vez escuchó a un amigo decir: *"Nunca volveré a amar porque el sentimiento nunca regresará"*? La persona piensa que está tratando de borrar la emoción (es decir, la dimensión) de la mente, pero desafortunadamente, eso no es posible. Solo suprime tu mente, lo que finalmente conducirá a la resistencia. Esta resistencia interna se manifestará como sufrimiento de una forma u otra.

Por ejemplo, algunas personas malinterpretan o captan la noción errónea de ciertas enseñanzas espirituales y tratan de expresar ciertas dimensiones en su mente, como el miedo, la sexualidad o el odio. Esto hará que luchen una batalla constante con sus mentes; Una batalla que podría durar toda su vida.

Es importante entender conscientemente que la mente es poderosa. Cuando intentes imponerle restricciones divinas o religiosas, no podrás experimentarlas completamente. Cuando cese estos intentos, ya no se opondrá ni luchará contra las dimensiones naturales de tu mente. Esto te dará una grata experiencia.

Vayamos a los detalles de las seis dimensiones de la mente humana.

Aburrimiento

Cuando la mente carece de interés en el momento actual, tiendes a aburrirte. Es básicamente un estado de oscuridad en la mente. El aburrimiento no es nada de qué preocuparse realmente. Pero el aburrimiento continuo puede llevar a la depresión. Esta dimensión de la mente lo alienta a perseguir cosas creativas, perseguir nuevas aspiraciones y entretener a la vida física. El aburrimiento puede ayudar a proporcionar crecimiento e interés en cosas que había olvidado o dejado de perseguir debido a la falta de tiempo.

Cuando te sientas aburrido, no suprimas el sentimiento. Deja que fluya, y consigue la verdadera sensación de aburrimiento. Experiméntalo al máximo. No huyas del aburrimiento ni te asustes.

31

Abrazar la energía del aburrimiento en la verdadera enseñanza puede darte paz y tranquilidad. Cuando te aburres, tiendes a hacer cosas que te gustan, como leer, pintar, escuchar música, cantar, caminar por el bosque, escuchar a los pájaros, admirar la naturaleza, etc. puede traer alegría a tu mente.

El aburrimiento puede ayudar a equilibrar el estado de excitación extrema, que a veces es necesario para mantener la armonía con la energía del cuerpo.

Temor

El temor es el estado de oscuridad en la mente. Todas las mentes humanas llegan a sentir esta dimensión. Algunas personas experimentan miedo más que otras, y esto depende de la composición natural de las dimensiones en la mente humana. Una mente temerosa puede crear resistencia a tus movimientos de manera constante. Definitivamente es una gran fuente de perturbaciones. Suprimir esta dimensión (temor) de la mente es imposible.

A medida que te vuelves consciente de tus miedos, puedes dejar de asustarte con los miedos de la mente, es decir, dejar de reconocer los miedos de la mente y simplemente dejarlos estar (quizás ignorarlos). Cuando la mente tiene una fuerte inclinación hacia el miedo, seguirá generando pensamientos basados en el miedo. Pero cuando deja de proporcionar combustible a este estado mental, comenzará a perder su intensidad y su poder para influir en tu vibra. Ya no serás dominado por el miedo.

El miedo es un poderoso catalizador que puede hacer que te actives, te da la sensación de despertar. ¿Cuáles son las diferentes formas del temor?

- Ansiedad
- Culpa
- Horror
- Pánico
- Preocupación
- Depresión
- Intranquilidad
- Inseguridad
- Culpa
- Obsesión
- Inquietud
- Emoción negativa
- Nerviosismo

¿Cuál de estos es tu experiencia más frecuente? Una mente humana nunca puede estar completamente libre de miedo, ya que la dimensión está profundamente arraigada en su interior. Por lo tanto, no debes preocuparte por evitar que tu mente genere miedo. Pero debes crear una alerta consciente para identificar el miedo y asegurarte de que ya no estás influenciado por él. Una gran manera de practicar esto es por simple meditación.

Odio

Similar al aburrimiento y al miedo, el odio es también un estado de oscuridad en la mente. Esta dimensión se puede encontrar en todas las mentes humanas y desempeña un papel importante a la hora de decidir lo que le gusta y lo que no le gusta (las preferencias, en general).

Nunca puedes alejarte del odio, esta dimensión está profundamente embebida en la mente. Si tratas de reprimir la mente cuando genera pensamientos basados en el odio, terminas acumulando una gran cantidad de energía negativa reprimida en tu interior. Esta energía acumulada puede ser altamente tóxica para ti y hacerte disfuncional.

¿Cómo expresa tu mente el odio? El odio se expresa de las siguientes maneras:

- Enfado
- Apatía
- Insatisfacción
- Agresividad
- Sospecha
- Irritación
- Estrés
- Celos
- Crítica
- Resentimiento
- Vanidad
- Disgusto

- Impaciencia
- Frustración
- Posesividad
- Inferioridad

Cuando haces esfuerzos conscientes para comprender que el odio es solo una dimensión de la mente, trabajas para "no hacerlo personal". No puedes cambiar el pasado, pero no dejes que la mente fluya, es decir, no te identifiques con ello. No le des energía a los pensamientos basados en el odio y simplemente permitas que la mente los genere. En el momento en que intentas suprimirlos, indirectamente terminas prestándoles atención al alimentar la emoción.

No te juzgues por los pensamientos que produce tu mente, simplemente déjalos ser. Cuando no les das energía, no tendrán la intensidad para influenciar tu mente.

Alegría

Esta dimensión es la naturaleza luminosa de la mente, la vibración natural de vibras y la energía de la vida. Vibra con la positividad de quien básicamente eres. La mente se alinea con el flujo de la vida cada vez que entra en el estado de alegría.

Cuando una persona está en un estado de alegría, el cuerpo se siente bien y no hay resistencia interna o externa. ¡Es por eso que todos quieren sentirse felices! La alegría se puede expresar de las siguientes maneras:

- Entusiasmo
- Emoción
- Calma
- Paz
- Regocijo
- Placer sensual (disfrutar del tacto, la vista, el sonido, el olfato y el gusto)

La capacidad de sentir alegría está presente dentro de cada mente humana, pero hay diferencias en cómo cada una experimenta la dimensión. Ciertas mentes se sienten más atraídas por la paz; su expresión de alegría es la serenidad y la relajación. Algunas mentes prefieren expresiones ruidosas y enérgicas, como entusiasmo, emoción y euforia. Pero generalmente hay un equilibrio donde nos gustaría tanto la emoción como la paz en combinaciones iguales.

Esta dimensión de la mente definitivamente tendrá que ser expresada. Algunas personas suprimen su alegría porque temen que no dure mucho. Algunos se alejan de la alegría debido a la culpa o imaginan que sufrirán. La alegría es una vibración natural de la energía vital y, por lo tanto, es importante permitirle a la mente la oportunidad de experimentar adecuadamente esta dimensión. Debes ser lo suficientemente sabio como para excederte o limitarte en cosas que no deberías estar haciendo.

Amor

Similar a la alegría, el amor es otra naturaleza ligera de la mente. Todas las mentes humanas tienen esta dimensión en ellas. La mente expresa amor en varias formas, tales como,

- Devoción
- Cuidado
- Servicio
- Pasión
- Enamoramiento
- Empatía
- Obsesión (basada en el amor)
- Compasión
- Caridad
- Romance (tanto emocional como físico)
- Sensibilidad

Es posible que cada mente humana tenga todas estas expresiones de amor. La mayoría de los humanos usualmente expresan casi todas las formas de amor de una forma u otra. Cuando la mente se siente segura, tiene más capacidad para amar.

Pero, desafortunadamente, la dimensión del amor también puede convertirse en una fuente de disonancia y desequilibrio en la mente cuando está en el estado de inconsciencia.

Por ejemplo, si estás obsesionado con alguien o algo con lo que tu mente está enamorada, los patrones de obsesión pueden llevar a la inseguridad, la posesividad, la necesidad y otros aspectos del miedo. Del mismo modo, cuando la pasión no está equilibrada, puede conducir a la indiferencia y la indulgencia excesiva. Es esencial controlar y equilibrar la emoción con la madurez o, a través de la sabiduría, ya que puede convertirse en un prisionero de la cosa o persona que ama.

Por lo tanto, es igualmente posible que la dimensión del amor entre en un modo de desequilibrio cuando careces de conciencia. Ser consciente en el presente (es decir, la meditación) ayuda a mantener el equilibrio.

Sexualidad

Esta dimensión puede ser categorizada como un aspecto oscuro de la mente. Esto se debe a la pesadez involucrada en esta energía. Como cualquier otra dimensión, todas las mentes humanas tienen esta dimensión. Cuando no se entiende o se canaliza de la manera correcta, puede llevar a la frustración, a la depravación, a las confusiones y a la culpa.

Esta dimensión en la mente es la responsable de la reproducción humana: causa el movimiento hacia la fase reproductiva. Por lo tanto, esta dimensión juega un papel imperativo en el ámbito físico. La sexualidad da placer y entretenimiento a la mente.

También es una forma a través de la cual puedes expresar alegría y amor. Suprimir la sexualidad no es una buena idea, ya que puede causar falta de armonía y toxicidad en el cuerpo humano. La energía de la sexualidad puede ser intensa y, por lo tanto, suprimir esta dimensión en la mente debido a la culpa o al miedo puede llevar a patrones de odio en el interior. Los patrones de odio usualmente toman la forma de ira.

Todas las personas tienen su propio impulso hacia su sexualidad; esto puede cambiar con la edad, es decir, puede aumentar o disminuir. Por lo tanto, debe ser consciente y consciente de no permitirse demasiado o de suprimirlo de una vez por todas. Es cierto que todas las otras dimensiones de la mente afectan directamente la dimensión de la sexualidad.

Por ejemplo, cuando tu mente está completamente superada por el miedo, no te interesas en el sexo. De manera similar, cuando la mente está llena de odio, la sexualidad no tiene lugar allí. El aburrimiento es también una buena razón para rechazar el sexo. Por otro lado, las dimensiones de la alegría y el amor pueden llevar a un impulso sexual saludable.

Lo crucial e importante que hay que entender es que estas dimensiones están integradas en la mente. Por lo tanto, no es posible borrarlos completamente de la mente humana. Estas dimensiones se mostrarán posiblemente en el día a día, siempre y cuando la mente esté sana y viva.

La mayoría de los humanos están de acuerdo con la naturaleza luminosa de la mente, como la alegría y el amor, pero no hacen ningún intento por comprender las dimensiones oscuras de la mente. El aburrimiento, el odio, el miedo y la sexualidad pueden convertirse en dimensiones poco saludables si se muestran patrones de oposición y supresión hacia su naturaleza. Es importante comprender estas dimensiones y concentrarse en trabajar para entenderlas en lugar de oprimirlas.

Cuando haya estabilidad en su conciencia, podrá expresar libremente todas las dimensiones sin ser dominado por ellas. Cuando esto sucede, sus vibraciones ya no muestran ninguna influencia negativa relacionada con estas dimensiones de la mente. Este estado de verdadera libertad te permite experimentar una fisicalidad holística.

Capítulo Cuatro: Conducta Humana y Psicología

La mayoría de los investigadores buscan obtener una comprensión más profunda del comportamiento humano, la forma en que los humanos actúan, memorizan, toman decisiones y planifican, etc. En los últimos tiempos, ha habido enormes avances en la tecnología de sensores con procesos para el análisis y adquisición de datos. Estos han estado ayudando a los investigadores de todo el mundo a desentrañar los secretos de la mente humana.

Aunque hay muchos desafíos involucrados en el proceso, están tratando de observar e interpretar los procesos del cerebro humano que, en última instancia, pueden ayudar a analizar la cognición y los cambios en el comportamiento.

Los seres humanos son agentes activos que están constantemente comprometidos en tratar de satisfacer todos sus deseos mentales y necesidades corporales. Se aseguran de que esto se haga cuando interactúan con el medio ambiente, aunque el entorno sigue cambiando con una complejidad cada vez mayor. Las conductas corporales se desarrollan a través del procesamiento cognitivo que ocurre en las estructuras cerebrales.

¿Qué es la conducta?

La investigación científica sugiere que la conducta humana es una interacción compleja entre los tres componentes:

- Acciones (Actos)
- Cogniciones (Pensamientos)
- Emociones (Sentimientos)

¿Suena complicado? Para hacerlo simple, debe comprender que las acciones, las cogniciones y las emociones son componentes del comportamiento humano. Cuando estos tres trabajan juntos, el resultado final es el comportamiento o la característica de la persona.

Acciones

Una acción denota cualquier cosa y todo lo que puede ser percibido u observado. La observación puede medirse por los sensores fisiológicos o por el ojo desnudo. Puede imaginar que la acción sea un estado de transición de un modo a otro. También puede significar el inicio de un modo particular. Por ejemplo, cuando un director se está preparando para filmar la siguiente escena de su película, grita acción, es decir, le está pidiendo a los artistas que se muevan de su estado real a su estado de película (modo de actuación).

Las acciones conductuales se llevan a cabo en diferentes escalas, desde la activación muscular hasta el consumo de alimentos, el sueño, la actividad de las glándulas sudoríparas, etc.

Cogniciones

Los pensamientos y las imágenes que tienes en tu mente pueden describirse a través de la cognición. Pueden ser tanto verbales como no verbales. *'Tengo que acordarme de tomar mis pastillas antes de irme a la cama'* o *'Me gustaría saber qué piensa de mí'* - son cogniciones verbales. Cuando imagina cómo se verá su nueva casa después de que se complete la construcción, se considera una cognición no verbal.

Las cogniciones consisten en conocimientos y habilidades. Por ejemplo, saber cómo usar las herramientas de jardinería adecuadamente sin lastimarse, bailar al ritmo de su canción favorita, memorizar el color del sombrero que lleva un músico en un álbum, etc.

Emociones

Las emociones son comportamientos que existen en una escala: de positivo (agradable) a negativo (desagradable). Una emoción es un sentimiento que no puede ser caracterizado por el conocimiento o el razonamiento lógico. Es una experiencia consciente breve que se identifica con una actividad mental intensa.

Los aspectos fisiológicos del cuerpo humano, que indican el procesamiento de las emociones, no son visibles directamente a los ojos. Por ejemplo, el aumento de la excitación puede resultar en una alta tasa de respiración o frecuencia cardíaca. Estas emociones no pueden ser observadas directamente. Es posible detectar estas emociones por los siguientes métodos diferentes:

- Sensores de respiración
- ECG (para controlar la excitación)
- Analizando expresiones faciales
- Seguimiento de la actividad de electromiografía facial (FEMG)
- Respuesta de la piel galvánica (GSR), etc.

Debes comprender que todo está conectado: acción, cognición y emoción. No se ejecutan de forma independiente y continuamente interactúan entre sí. Si estos tres componentes interactúan bien entre sí, te permite como humano reconocer el mundo que te rodea, responder a las personas y los estímulos en el entorno de manera adecuada y escuchar tus deseos internos.

Pero es bastante difícil finalizar sobre la causa y el efecto de estos comportamientos. Trataremos de explicar esto con un ejemplo.

Gira la cabeza (acción) y ve una cara familiar que causa una explosión repentina de alegría (emoción). Esto va acompañado de una realización (cognición). Las acciones, en este caso, son ver a alguien que conoces (un amigo) y sentirte feliz.

Acción = Cognición (¡Oye, Thomas!) + Emoción (alegría de ver a Thomas)

En un caso diferente, la secuencia de causa y efecto puede revertirse. Por ejemplo,

Decides salir a caminar (acción) para sentirte mejor porque estás triste (emoción) y has estado pensando profundamente en tus problemas de relación (cognición).

Acción = Cognición (necesito salir a caminar) + Emoción (sentirse triste)

Cosas que debes saber sobre la conducta humana

Las impresiones sensoriales son más importantes para los humanos: te involucras activamente en persuadir a tu cuerpo para que experimente los estados emocionales. Si la emoción es positiva, experimentas alegría, pero cuando la emoción es negativa, quieres salir de la negatividad. Esto se logra mediante los deseos cognitivos y los objetivos que tu mente establece (consciente o inconscientemente).

Aunque no puede observar directamente la emoción y la cognición, ciertamente se puede sentir la ejecución final a través de la acción. Por ejemplo, usted está aburrido (emoción) y cree que necesita ver una película (cognición) para ir al teatro (acción).

También es necesario comprender que la cognición es específica de la situación y el tiempo. Cualquier nueva información o datos que experimentes se integra en tu mentalidad cognitiva ya existente. Esta información se adapta y se combina con tu capacidad cognitiva. Ahora puedes predecir el giro de los eventos según el entorno actual y cómo tu acción influirá en el mismo. Entonces, cuando decidas realizar una acción, va a poner su plan (decisión) en modo de trabajo según la situación y el entorno.

La interacción dinámica de la estabilidad y la flexibilidad de su mente puede ser manejada por su sistema cognitivo.

La cognición abstracta y la imaginación se basan en el cuerpo. ¿Qué es la cognición abstracta? Esto no tiene ninguna interacción física directa con el medio ambiente. Por ejemplo, cuando imagina mover las manos, el proceso de pensamiento apunta a las mismas áreas del cerebro (cuando en realidad ejecutan los movimientos de las manos).

Aprendizaje conductual

Cuando hablamos de comportamiento, es importante saber cómo se adquiere en general. ¿Qué es aprendizaje? El proceso de adquirir nuevas habilidades, conocimientos, preferencias, evaluaciones, actitudes, comportamientos

46

normativos y reglas sociales, puede denominarse aprendizaje. ¿Has oído hablar del argumento de la crianza de la naturaleza? Anteriormente, había un debate sobre el comportamiento del ser humano: ¿el comportamiento se debe exclusivamente a factores ambientales (crianza) o inclinaciones genéticas (naturaleza)?

Pero hoy en día, la pregunta ya no existe, ya que el impacto de la naturaleza y la nutrición son similares en el comportamiento humano. La evidencia demuestra que el juego de ambos factores es importante en el patrón de comportamiento. Las teorías recientes resaltan el papel del aprendizaje para adquirir nuevas habilidades y conocimientos para desarrollar o cambiar su comportamiento. La adquisición continua de habilidades a lo largo de tu vida definitivamente tendrá un impacto en el sistema nervioso (a nivel neurológico).

¡La práctica te hace perfecto! Cuanto más aprenda, más cambios verá en el patrón de comportamiento.

El condicionamiento clásico es uno de los procedimientos de aprendizaje que nos ayuda a aprender los emparejamientos de estímulo-respuesta. Por ejemplo, cuando ve alimentos que parecen sabrosos, inmediatamente provoca la salivación. 'Vaya, que comida tan deliciosa!' La comida actúa como el estímulo no condicionado, mientras que el proceso de salivación es la respuesta incondicionada.

Usted está comiendo (estímulo no condicionado) = salivación (respuesta no condicionada)

Cuando la comida está acompañada por otro estímulo (neutral), como el timbre de la puerta, el cerebro aprende una nueva combinación de estímulo-respuesta.

Usted ve comida (estímulo no condicionado) y oye el timbre de la puerta (estímulo condicionado) = salivación (respuesta no condicionada).

¿Por qué la campana se convierte en un estímulo condicionado? Esto se debe a que es lo suficientemente potente como para desencadenar la salivación incluso cuando todavía no has visto la comida.

Entonces, timbre de la puerta (estímulo condicionado) = Salivación (Respuesta).

Toma de Decisiones de Comportamiento

A veces, las decisiones y el comportamiento van de la mano. Por ejemplo, observa el comportamiento de los demás y toma una decisión basada en el impacto que puede tener en su vida. Por ejemplo: *"Si se advierte a mi colega por enviar los datos, definitivamente no lo haré"*. En este caso, espera a que su colega envíe datos particulares antes de hacerlo: está tomando una decisión basada en los efectos del comportamiento de otra persona.

Cuando el individuo decide retener un comportamiento específico o ejecutar una determinada acción en función de los riesgos, incentivos y beneficios asociados, el comportamiento se adquiere a través del aprendizaje. Pero, ¿hay otros factores o teorías asociadas con tal toma de decisión?

Las teorías psicológicas más prominentes sobre la toma de decisiones tienen su origen en una revista de economía. Amos Tversky y Daniel Kahneman publicaron un artículo sobre *la teoría de la perspectiva* en 1979. Este marco teórico ayudó a Daniel Kahneman a estudiar el comportamiento humano en las etapas posteriores. Todas sus investigaciones y hallazgos se resumieron en su libro Pensando, rápido y lento. Este libro se convirtió en un éxito de ventas.

Toma de Decisiones Emocionales

No se puede negar el hecho de que la toma de decisiones y los comportamientos humanos se ven afectados en gran medida por las emociones. Es posible que no siempre reconozca esto, pero las emociones afectan el proceso con delicadeza. Cuando estás emocionalmente en el lado superior y tomas una decisión, generalmente termina siendo la peor decisión. Para justificar nuestra acción, hacemos uso de razones imperfectas.

Como lo señalaron con razón Andrade y Ariely: *"una leve emoción incidental en la toma de decisiones puede vivir más que la experiencia emocional en sí misma "*

Los investigadores experimentaron para comprender cómo el estado de ánimo de una persona afectaba sus habilidades para tomar decisiones. Querían saber si los sentimientos positivos pueden afectar la disposición de una persona para ayudar.

Se colocó un cuarto de centavo en una cabina telefónica para que los transeúntes lo encontraran. La moneda fue colocada en una posición visible. Se hizo que un actor entrara en el stand solicitando una llamada telefónica urgente cuando otra persona ya estaba dentro. Las personas, que encontraron la moneda cuando entraron, estaban felices de ayudar al actor, pero aquellos que no lo hicieron, dieron una respuesta negativa.

¿Cómo entender el comportamiento humano?

Muchas personas no logran entender el comportamiento humano porque no toman en consideración todas las demás variables, aparte del comportamiento.

Por ejemplo, nunca puede entender la rueda de un automóvil a menos que se haga el esfuerzo de analizar la relación de la rueda con las demás partes de su automóvil. Incluso el auto más caro está hecho de todas las partes diferentes. Al centrarse en la parte única, simplemente no podrá comprender su funcionalidad en general.

Si no sabes por qué las ruedas tienen ciertos orificios en la parte central, podrías terminar pensando que la rueda está defectuosa. Pero cuando entiendes que estos agujeros en la rueda son necesarios para encajarla en el eje giratorio, todo tiene sentido.

Es lo mismo para los humanos. Nunca podrá comprender con precisión el comportamiento humano a menos que haga un esfuerzo consciente para ver todas las otras variables que pueden afectar directa o indirectamente al humano. Estas otras variables pueden ser: el estilo de vida, el proceso de pensamiento, las creencias, los valores, la infancia, etc. de la persona.

Ejemplo para ayudarte a entender el comportamiento humano:

Pablo 25, un millonario que salió adelante por sí mismo, era una persona segura, encantadora y enérgica. Hizo su primer millón de manera muy rápida. El hombre estaba orgulloso de sí mismo y de todos sus bienes caros. A menudo usa para identificarse como un 'millonario hecho a sí mismo'. Se convirtió en su principal identidad psicológica.

Como cualquier otro día, estacionó su Lamborghini en el estacionamiento dedicado a él y se dirigió a su cabaña. Pero ese día en particular, bajó varias veces para verificar si había dejado la puerta de su automóvil sin llave. Siguió haciéndolo después de cada poco minuto. No sabía por qué lo estaba haciendo. Más tarde descubrió que había desarrollado este extraño TOC (trastorno obsesivo compulsivo), que lo obligaba a revisar su automóvil tan a menudo.

Si no tienes idea de la psicología humana, este comportamiento no te hará ninguna diferencia. Se podría pensar que demasiado estrés llevó a este comportamiento y la química del cerebro se está deteriorando. Esto es en parte cierto, pero es imposible analizar este comportamiento a menos que tenga claridad sobre su personalidad.

Después de ese día, durante las siguientes semanas, Pablo seguía soñando con el robo de su automóvil. El sueño era repetitivo. Para alguien que no sabía mucho sobre la naturaleza humana, esto podría haber parecido que Pablo tenía miedo de perder su auto y este miedo alimentó estos sueños. Una vez más, ¡esta no es la conclusión correcta!

Pablo comenzó a enfrentar serios problemas en su negocio debido a este TOC, que lo hizo vulnerable: perdió su competencia en los negocios. Si se ve amenazada su identidad psicológica más importante - millonario hecho a sí mismo. Si se salía completamente del negocio, perdería todo el dinero y la identidad de un "millonario hecho a sí mismo".

Por lo tanto, es importante analizar claramente el propio comportamiento y evitar las suposiciones. La psicología humana es un aspecto complejo de la ciencia: solo cuando pueda comprender el comportamiento y su relación con el cerebro podrá obtener una solución.

Conectando los elementos para entender mejor la naturaleza humana

El sueño de Pablo de perder el auto era un reflejo de su miedo a perder su identidad de un "millonario hecho a sí mismo". Los sueños son una forma de simbolismo, ¡a veces te muestran tus peores temores! El sueño de Pablo significaba que estaba preocupado por perder su actual estatus de millonario.

El punto que debe entenderse aquí es que la mente subconsciente del cerebro humano utiliza el simbolismo para notificar al individuo de ciertas cosas, ya que ignora la lógica cuando funciona. La mente de Pablo estaba tan preocupada por perder su estado psicológico principal que lo obligó a desarrollar el trastorno obsesivo-compulsivo.

Inferencia psicológica: Pablo desarrolló TOC porque estaba demasiado asustado como para perder su estatus de millonario. La razón para verificar si su automóvil estaba cerrado con llave más de lo que solía reflejar su miedo a volverse pobre. Porque, según él, cuando pierdes tu auto (Lamborghini de lujo), te vuelves pobre. Esto implicaría que su identidad estaba vinculada a los elementos físicos en lugar de a la riqueza en sí misma.

Esto es bastante común entre las personas que ganan la lotería, así como entre los actores y atletas mejor pagados. ¿Sabía que aproximadamente el 70% de los ganadores de la lotería van a la quiebra o regresan a donde empezaron en pocos años? El cambio percibido de ordinario a "extraordinario" es a menudo demasiado para su manejo subconsciente, y no tienen una identidad clara formada. Ellos no son lo suficientemente conscientes de su propia mente y adjuntar a la vieja identidad. Por lo tanto 70~% han unido a sus identidades gastos excesivos u otro problema similar y que mantener el gasto en la misma forma que antes. Sólo en una escala más grande. A medida que sus responsabilidades (auto de lujo, casa, etc.) superan los ingresos, siempre se quedarán sin dinero, eventualmente.

Por lo tanto, cuando intentes comprender el comportamiento humano, no te límites a observar una sola cosa, en su lugar, concéntrate en todas las demás cosas del sistema. ¿Qué pensarías de una mujer que le tiene miedo de los gatos? Tal vez ella tuvo una experiencia perturbadora con los gatos cuando era una niña. No, esta es una suposición rápida. Puede que no sea cierto. En lugar de estar tranquilo al concluir, mira los otros aspectos de su vida.

- Puede ser el miedo a otras mujeres lo que se refleja en esta forma (miedo a los gatos)
- Quizás su autoestima la esté haciendo sentir vulnerable.
- Puede que no tenga la confianza suficiente para presentarse ante otras mujeres, y la mente subconsciente está simbolizando a estas mujeres en forma de gatos

No te sobre esfuerces: acaba siempre tratar de tomar una mirada más profunda para comprender el comportamiento humano mejor. Se creativo y no tengas miedo de jugar con muchas ideas diferentes antes de llegar a una conclusión.

Capítulo Cinco: La Psicología del Lenguaje Corporal

La gente constantemente te da un montón de señales, tanto verbales como no verbales. Las señales silenciosas que provienen del lenguaje corporal de la persona comunican una gran cantidad de información significativa. La comunicación humana comprende 80 por ciento de señales no verbales y 20 por ciento verbales. Debe asegurarse de que lo que diga coincida con su lenguaje corporal. Por ejemplo, dices "Estoy bien", pero tus mandíbulas están apretadas y tus labios fruncidos; entonces te estás comunicando exactamente lo contrario de lo que estás diciendo.

Las señales no verbales vienen en forma de lenguaje corporal: gestos con las manos, posturas corporales, expresiones faciales, contacto con los ojos, micro expresiones, dilatación de la pupila, tono de voz, etc. Por lo tanto, es importante comunicar sus sentimientos, sentimientos y necesidades a través de la voz y el lenguaje corporal adecuado.

Nuestros antepasados se comunicaron eficazmente durante millones de años y sobrevivieron en este mundo peligroso. Pudieron comunicar sus deseos, necesidades y emociones de manera eficiente. Y lo mejor es que nunca usaron la comunicación verbal ya que no tenían un lenguaje. Todas sus comunicaciones fueron a través del lenguaje corporal, utilizando las señales no verbales.

Estudios e investigaciones han demostrado que se habían comunicado a través de:

- Gestos (movimientos de la mano)
- Símbolos (dibujo de los animales)
- Olor químico (glándulas odoríferas) - todavía tenemos esto
- Marcadores personales (tatuajes)
- Cambios fisiológicos (sonrojarse)
- Ruidos vocales (gruñidos y chillidos)

Sobrevivieron con éxito en un entorno complejo solo mediante la comunicación a través de su lenguaje corporal. Muchas de estas señales no verbales siguen siendo parte de nuestro ADN y están conectadas dentro de nuestros cerebros. Esta es la razón por la que nos comunicamos principalmente mediante señales no verbales mezcladas con muy pocas indicaciones verbales.

Lenguaje Corporal y Psicología

El órgano más importante de tu cuerpo es el cerebro. Sin él, nada es posible. Si el cerebro está muerto, entramos en estado vegetativo. Cada órgano de su cuerpo está controlado por el cerebro: sus ojos, cara, manos, piernas, corazón, piernas, etc. Es lo mismo cuando se trata de comunicaciones no verbales: se produce una interacción constante entre cuerpo y la mente.

Dado que nuestro lenguaje corporal está entrelazado con nuestra psique (la mente), usamos el comportamiento corporal para descifrar lo que está sucediendo dentro de nuestras cabezas. Las celebraciones, las intenciones, la comodidad, la incomodidad y los pensamientos, todo esto sucede dentro de nuestra cabeza.

Cuando explora la comunicación no verbal, es importante hacerlo desde la perspectiva del cerebro, es decir, reconocer que el cerebro controla todas las formas de comunicación. La psicología o el estudio del cerebro deben hacerse desde una perspectiva más amplia. Comprender el lenguaje corporal a través de la psicología humana es un proceso complejo. El cerebro humano tendrá mucha información que ofrecer: espiritual, cognitiva, fisiológica, emocional e intrapsíquica. Este enfoque de análisis nos ayuda a comprender la relación entre el comportamiento no verbal y la psicología detrás de la misma.

Cuando nace un niño, comienza a temblar y llorar. Este comportamiento hace que la madre envuelva al niño con ropa de abrigo para aliviarlo del frío. Cuando el niño está satisfecho con el calor, el llanto se detiene. Este es el primer mensaje no verbal (temblar y llorar) que un humano comunica cuando él o ella viene a este mundo. Este es el comienzo de todas las interacciones futuras entre el cuerpo y el cerebro.

El siguiente comportamiento que se puede observar en el niño es chuparse el dedo: él o ella lo aprendió en el vientre de la madre. Esta es la manera del cerebro de pacificar el cuerpo: un comportamiento egoísta. Esta acción puede continuar por un par de años. Cuando el niño se chupa el pulgar, obtiene placer al liberar el cerebro de endorfinas (similares a los opiáceos u opio). A través de esta acción, el niño se comunica con la madre que actualmente está satisfecho.

Cuando el niño crece, practica muchas otras conductas adaptativas para calmarse durante situaciones estresantes. Los signos obvios serían morder los labios, masticar chicle, tocar los labios, morder el bolígrafo o el lápiz, etc. Las caricias faciales, frotarse los dedos, jugar con el cabello también son otros signos, no tan obvios. Todos estos signos satisfacen los requisitos del cerebro para calmar los nervios al liberar endorfinas.

El proceso de comunicación de nuestros sentimientos y necesidades comienza a los pocos días de nuestro nacimiento, en el momento de sonreír, llorar, suspirar, etc. A medida que el niño crece, podrá comunicar las emociones y necesidades más complejas del mundo. Poco a poco, comenzará a responder a las palabras (idiomas), identificará las diferencias en el tono, el volumen y la velocidad. Se centrará en el contacto visual y la postura del cuerpo más que en las palabras: los signos no verbales lo ayudan a entender mejor. La psicología del mensaje depende de la forma en que se entrega. Consciente e inconscientemente, la parte no verbal del discurso permanece con nosotros por el resto de nuestras vidas.

El Poder del Cerebro Humano

Es sorprendente que a pesar de que seguimos utilizando la comunicación verbal de forma regular, nuestro cerebro nos obliga a actuar físicamente mientras expresamos sentimientos. Por ejemplo, cuando estás emocionado antes de que digas algo, sonríes o saltas de alegría. La felicidad, la sorpresa, el miedo, la tristeza, la ira y el disgusto son emociones (sentimientos) que provocan movimientos no verbales de su cuerpo. Esto es universalmente reconocido y aceptado.

Los niños que nacen sordos, desarrollarán su propio lenguaje de señas si no cuentan con la orientación de un adulto. El cerebro ayuda a crear un lenguaje de signos separado para comunicar los pensamientos complejos que se ejecutan dentro de él. Este vínculo entre el cerebro y el lenguaje corporal no es exclusivo de los humanos. También se presenta en animales. La única diferencia es que nuestros cerebros tienen la capacidad de transmitir más información no verbal, y no solo emociones.

Por ejemplo, te ves feliz, saludable y satisfecho cuando tus emociones están en control. El cerebro te hace ver cómo te sientes. Pero si tu cerebro o tus emociones son débiles, entonces la apariencia física ve un cambio drástico. Una persona sin hogar que tiene esquizofrenia se verá desamparada y enferma, debido a la postura, al comportamiento errático, a la falta de aseo, etc.

El cuerpo humano forma un enlace de comunicación significativo con el cerebro en el momento en que nace uno y este permanece activo hasta que mueren. Este enlace es necesario para comunicarse con el mundo exterior, así como para atender sus propias necesidades y deseos. Si bien nos hemos involucrado de muchas maneras con cada país que tiene sus propios idiomas y culturas, todavía volvemos a nuestros hábitos primitivos cuando nos comunicamos a través de señales no verbales (lenguaje corporal).

Tenga cuidado al estudiar el lenguaje corporal y el comportamiento no verbal de las personas, ya que abre la puerta a la psicología de la mente. Las dimensiones ocultas de la mente humana se pueden encontrar cuando observas de cerca las señales no verbales.

Datos Interesantes de la Psicología Humana

- *Tenemos la tendencia de juzgar a una persona basándonos en su personalidad. Pero cuando se trata de uno mismo, lo dejamos pasar.*

La mayoría de nosotros nos enojamos por el comportamiento de otra persona bajo ciertas circunstancias. Y el hecho es que la mayoría de las personas se lo devuelven a otros haciendo exactamente lo mismo minutos más tarde o cuando llega el momento. Pero cuando lo haces, tiendes a justificar tu acción. Y cuando otros lo hacen, culpas a su personalidad.

- *Esta no es una buena señal cuando se trata de predecir nuestra reacción a los eventos futuros.*

La mayoría de las veces pensamos que vamos a reaccionar de una manera particular a un evento que aún no ocurre. Pero cuando el momento se presenta, nuestras reacciones son completamente diferentes a lo que habíamos predicho. Pensamos que una sola instancia puede cambiar nuestro estado de ánimo por completo. Pero cuando la instancia realmente sucede, no tiene el efecto deseado en nosotros.

- *Nuestros recuerdos más profundos y fuertes no son realmente precisos.*

Se dice que los recuerdos de eventos traumáticos permanecen fuertes en nuestra mente para siempre. Estas memorias son referidas como memorias 'Flashbulb'. Pero los estudios dicen lo contrario. Si estabas en un estado emocional fuerte cuando ocurrió ese evento en particular, tu memoria podría ser inexacta. Esto se debe a que tus emociones eran altas y no le permitieron enfocarse en todas las instancias del evento. Además, cualesquiera de nuestros recuerdos y asunciones más profundos se remontan a la infancia. Como un niño, procesamos cada parte de la información que se nos dio como la verdad absoluta, incluso si la información proporcionada era solo un montón de mie***.

- *Es posible concentrarse solo durante diez minutos.*

La capacidad de atención de una persona se limita a diez minutos. Si crees que puedes concentrarte en algo durante más de diez minutos, puede que no sea cierto. Según los estudios, la mente humana comienza a divagar cuando el lapso de tiempo cruza diez minutos. ¿Cuántas veces estimarías que perdiste la concentración durante este libro?

- *Los cerebros humanos vagan alrededor del treinta por ciento del día.*

Pasamos cerca del treinta por ciento de nuestro día pensando en algo o soñando despierto. Esta es la cifra media. Algunas personas tienden a hacerlo más y otras menos. Pero los investigadores dicen que las personas que sueñan más son creativas y mejor en la resolución de problemas.

- *¡No podemos realizar múltiples tareas!*

¿Con qué frecuencia has escuchado a tu colega decir que *ella es buena en la realización de tareas múltiples?* Ciertos requisitos de trabajo mencionan la multitarea como una importante decisión para el perfil de trabajo. Pero la verdad es que los *humanos no pueden realizar múltiples tareas.* Sí, puedes escuchar música mientras trabajas, pero el cerebro solo puede procesar una tarea altamente funcional a la vez. Simplemente significa cualquiera de los siguientes:

- Estás escuchando música e ignorando el trabajo

- O estás trabajando e ignorando la música.

Es imposible pensar en dos tareas al mismo tiempo.

- *La toma de decisiones se realiza a nivel subconsciente.*

¿Eres alguien que toma una decisión después de repasar todas las opciones y calcular el impacto de la salida? Pero no eres tú quien toma la decisión; Es tu mente subconsciente. Tu mente consciente se abrumará con una gran cantidad de información e incluso podría congelarse si todas las decisiones de tu vida se toman a nivel consciente. ¿Por qué es así? El cerebro puede recibir solo once millones de bits de información por segundo. No tiene el poder de atravesarlos a todos en la mente consciente.

- *Necesitas 66 días para formar un hábito.*

Los datos de múltiples proyectos de investigación demuestran que seguir un patrón articular durante 66 días lo convertirá en un hábito. Por ejemplo: si continúas yendo al gimnasio durante 66 días, se convertirá en un hábito. Pero tendrá que hacer un esfuerzo consciente para hacerlo durante 66 días. La duración absoluta varía de persona a persona, pero también depende de la dificultad del hábito.

- *Tu cerebro continúa trabajando incluso cuando duermes.*

No hay ningún cambio en el modo del cerebro cuando duermes, es decir, permanece activo, tal como era cuando estás despierto. Según los científicos, el cerebro elimina todos los desechos y toxinas del cuerpo cuando duermes. Durante el ciclo del sueño, el cerebro organiza todos los datos del día anterior y forma nuevas asociaciones.

- *Elegimos mejor con menos opciones, aunque seguimos pidiendo más opciones.*

Un simple experimento e investigación han demostrado que somos mejores para elegir cuando hay menos opciones. Dos puestos de mermelada se establecieron para una venta. Una cabina tenía seis tipos de mermelada, mientras que la otra tenía 24 tipos de mermelada. La cabina con menos opciones fue capaz de vender **seis** veces más mermelada que la otra. Esto prueba otro hecho que leímos anteriormente: *es imposible que nuestro cerebro procese demasiada información.*

Es posible analizar a las personas si te enfocas en los signos ocultos junto con las señales verbales. Concéntrate en el comportamiento de la persona y trata de entender la razón del mismo observando los patrones. Busca ambos lenguajes corporales: fuerte y sutil.

EXPRESIÓN	SEÑALES DE MOVIMIENTO	PSEUDO-MÚSCULOS UTILIZADOS
Felicidad	Subir y bajar las esquinas de la boca	6 líneas musculares
Tristeza	Bajar las esquinas de la boca Elevar la parte inferior de las cejas	6 líneas musculares
Sorpresa	Cejas arqueadas Los ojos se abren para exponer más la parte blanca. La mandíbula cae ligeramente	3 líneas musculares
Miedo	Cejas levantadas Ojos abiertos La boca se abre ligeramente	5 líneas musculares 1 esfínter para la boca
Disgusto	Labio superior levantado La nariz se arruga Mejillas levantadas	6 líneas musculares
Ira	Labios y cejas fruncidos Ojos abiertos	4 líneas musculares 1 esfínter para la boca

En realidad, las señales que la gente da varían de persona a persona, pero el movimiento básico es el mismo. Tu objetivo es recoger las señales de la cara del individuo sin mirarlas demasiado intenso. Piénsalo como un juego en el que gradualmente te irá mejor.

67

Conclusión

Hemos llegado al final de este libro. Me gustaría aprovechar esta oportunidad para agradecerte una vez más por haber elegido este libro.

Espero sinceramente que este libro te haya sido útil y te haya ayudado, como lector, a obtener una comprensión clara y profunda de cómo leer a las personas. El libro ahora te ha dado una descripción detallada de la mente humana, su comportamiento, psicología y lenguaje corporal. Los capítulos se concentran en las variables que deben enfocarse mientras se analiza a las personas.

El libro ha cubierto su objetivo principal: actuar como una guía completa para los lectores que deseen saber cómo analizar o leer a las personas.

Fue un placer responder a las preguntas que tenías en mente. Para algunos, podría ser naturalmente más fácil analizar a otros, pero con la práctica constante cualquiera puede dominar el arte de la psicología humana. ¡Ahora sal y empieza a usar las técnicas que acabas de aprender, por supuesto, con responsabilidad! ¡Recuerda seguir aprendiendo!

¿Te importaría dejar rápidamente un comentario al libro antes de irte? ¡Lo apreciaría muchísimo!

¡Gracias y los mejores deseos!

"Los fallos en el comportamiento humano provienen de tres fuentes principales: deseo, emoción y conocimiento" - Platón

Adicional

En otro orden de ideas. Puede practicar la meditación diaria para volverse más consciente y, por lo tanto, aumentar la curva de aprendizaje de lo que hemos discutido. Incluso 10 minutos al día son suficientes para obtener todos los beneficios. Explicar completamente cómo ayuda la meditación con el análisis de personas es un concepto demasiado largo para el ámbito de este libro. Si estás interesado en aprender más sobre la meditación y sus beneficios, puedes encontrar mucha información gratuita para comenzar.

Buena suerte, ¡confía en el proceso!

Made in the USA
Monee, IL
09 December 2019